Karl Rahner

Advent –
Von der tiefen Sehnsucht unseres Lebens

Karl Rahner

Advent –
Von der tiefen Sehnsucht
unseres Lebens

Herausgegeben
von Andreas R. Batlogg
und Peter Suchla

Matthias Grünewald Verlag

VERLAGSGRUPPE PATMOS

PATMOS
ESCHBACH
GRÜNEWALD
THORBECKE
SCHWABEN
VER SACRUM

Die Verlagsgruppe
mit Sinn für das Leben

Die Verlagsgruppe Patmos ist sich ihrer Verantwortung gegenüber
unserer Umwelt bewusst. Wir folgen dem Prinzip der Nachhaltigkeit
und streben den Einklang von wirtschaftlicher Entwicklung, sozialer
Sicherheit und Erhaltung unserer natürlichen Lebensgrundlagen an.
Näheres zur Nachhaltigkeitsstrategie der Verlagsgruppe Patmos auf
unserer Website www.verlagsgruppe-patmos.de/nachhaltig-gut-leben

2. Auflage 2024
Alle Rechte vorbehalten
Für die Texte von Karl Rahner:
© Deutsche Region der Jesuiten
Für diese Ausgabe:
© 2018 Matthias Grünewald Verlag
Ein Unternehmen der Verlagsgruppe Patmos
in der Schwabenverlag AG, Ostfildern
www.gruenewaldverlag.de

Umschlaggestaltung: Finken & Bumiller
Umschlagmotiv: © Deutsche Region der Jesuiten
Satz: post scriptum; www.post-scriptum.biz
Druck: GGP Media GmbH, Pößneck
Hergestellt in Deutschland
ISBN 978-3-7867-3147-4

Inhalt

»Ob wir das Leben als Advent annehmen«

Karl Rahners Plädoyer für einen christlichen Optimismus

Einführung der Herausgeber

Der Weihnachtszeit voraus geht die Adventszeit. Das Wort »Advent« stammt aus dem Lateinischen und bedeutet »Ankunft«, im christlichen Sinn bedeutet es: die Ankunft des Herrn *(adventus Domini)*. Doch verstehen die meisten Menschen heutzutage unter Adventszeit lediglich so etwas wie eine Vorbereitungszeit, also jene Zeit, die es zu überbrücken gilt, bis das große Fest endlich da ist.

Karl Rahner SJ (1904–1984) aber lehrt uns, dass diese Adventszeit mehr ist: Sie führt uns vor Augen, dass christliche Existenz, ja Leben im Allgemeinen mit Erinnerung und Erwartung zu tun hat. Christen leben aus der Erinnerung an die Ankunft Gottes in Jesus von Nazaret, der vor über 2000 Jahren in Betlehem geboren wurde, und sie leben in Erwartung darauf, dass Gottes Ankunft, sein Advent, die Welt unwiderruflich verändert hat und weiterhin verändert, dass diese Welt Gottes Licht mehr und mehr spiegelt, allen unseren gegenteiligen Wahrnehmungen von Unglück, Not, Krieg und Terror zum Trotz.

Unter dem Titel »Advent – Von der tiefen Sehnsucht unseres Lebens«, der von den Herausgebern stammt, sind hier drei kleinere

Texte Karl Rahners zusammengestellt. In ihnen lädt Rahner uns ein, das tägliche Leben, den schlichten Alltag, die Lebenszeit als Advent zu verstehen – als eine einzige adventliche Reise, ein Zugehen auf Gott, der seinen eigenen Advent, sein Kommen in diese Welt und ihre Verwandlung in seine Zukunft hinein, unwiderruflich zugesagt hat. »Das Leben«, sagt Rahner, »ist ein einziger Advent. Ob wir das Leben als solchen Advent anzunehmen und zu feiern gewillt sind, das ist die Frage.«

Dass der Theologieprofessor, Konzilsberater und viel gelesene Autor Karl Rahner, das (von außen gesehen) unter permanentem Arbeitsdruck stehende »Arbeitstier«[1], zeitlebens auch seelsorglich tätig war, sich für Medita-

tionen anwerben ließ und sehr oft predigte –
in Innsbruck über zehn Jahre hindurch sehr
regelmäßig[2] –, ist bekannt. Predigten waren
für ihn nicht Ablenkung oder gar Erholung
vom akademischen Lehrbetrieb, sondern
dessen Ergänzung, theologisch gesprochen:
Verkündigung; aber auch nicht fromme
Spielwiese, sondern sozusagen jenes Feld, auf
dem sich Theologie zu bewahrheiten und zu
bewähren hatte: alltags- und damit lebens-
tauglich und nicht nur als Beschäftigung von
Theologen für Theologen verstanden.

Es ist gut, sich immer wieder vor Augen zu
halten, dass für Rahner seine seelsorglichen
Texte, wie er selbst sagt, »mindestens ebenso
wichtig wie die eigentlichen theologischen
Arbeiten« waren; dass darin »wenigstens

ebensoviel Theologie, denkerisch mühsam bewältigte Theologie, drinsteckt wie in den sogenannten wissenschaftlichen Werken«[3]. Und Meditationen, Betrachtungen und Überlegungen zum Kirchenjahr finden sich im Werk Karl Rahners überall. Ihr Reiz bzw. ihre Faszination haben auch einen Grund, der ihre unverbrauchte Wirkkraft zu erklären vermag: »Die Texte bleiben nicht an den liturgischen ›Anlässen‹ haften, sondern beziehen sie auf das Ganze der Heils- und Unheilsgeschichte der Welt und unser selbst.«[4] Das zeigt sich auch in den hier veröffentlichten drei Predigten:

1. Im ersten Text »Advent«, von dem wir hier nur den zweiten Teil abdrucken, weil dieser

den Advent-Grundgedanken in berührender Sprache formuliert, geht es beileibe nicht einfach um eine mehr oder weniger rührselige Einstimmung auf jene vier Wochen vor dem Weihnachtsfest, die in der Regel von Vorbereitungs-Stress geprägt sind. Vielmehr halten Christen ganz bewusst eine uralte Sehnsucht der Menschheit lebendig: Dass Gott komme, dass er da sei – und da bleibe. »Menschwerdung Gottes« ist gerade kein Gastspiel, kein vorübergehendes Engagement Gottes wie in der griechischen Antike, als Götter kamen und wieder gingen. Weihnachten wird zum bleibenden Engagement Gottes. Er sagt sich der Welt zu, unwiderruflich, unüberbietbar, indem er in diese Welt kommt und in Jesus von Nazaret Mensch wird.

Christen leben in diesem Wissen. »Advent« wird so auch zu einer Chiffre für christliche Existenz überhaupt: »Nur glauben muss ich an den Advent Gottes in unsere Zeit hinein«, sagt Rahner: »Gott hat schon begonnen, seinen Advent in der Welt und in dir zu feiern.« Aber wie? Wie geschieht das? So: »Leise und sanft, so leise, dass man es überhören kann, hat er die Welt und ihre Zeit schon an sein Herz genommen, ja sein eigenes unbegreifliches Leben eingesenkt in diese Zeit (wir nennen es seine Ewigkeit und meinen damit das Namenlose und ganz andere gegenüber jener Zeit, die uns so hoffnungslos traurig macht).«

In dieser Predigt zeigt sich die typische Glaubensbescheidenheit Karl Rahners. Glaube ist nicht das große spirituelle Erlebnis, sondern etwas, das man sich leise und treu sagt: Ich glaube an die Ewigkeit Gottes, die auch in meine Zeit hineingekommen ist. Glaube ist nicht das anhaltende religiöse Hochgefühl, sondern das geduldige Erleiden der bitteren, harten, alles zum Sterben bringenden Zeit – in der Überzeugung, dass sie nicht das letzte Wort über mich spricht. Glaube ist nicht heller oder lauter Jubel ein Leben lang, sondern »die demütig nüchterne Freude des glaubenden Harrens, das nicht meint, das greifbar Gegenwärtige sei alles«.

Damit ist Zukunft eröffnet, ist eine Perspektive angezeigt, ein handfester christlicher Optimismus formuliert. Glauben heißt von nun an, gegen die eigene Unsicherheit mutig zu sagen: Gott ist in diese Welt gekommen, er ist geheimnisvoll in ihr wirksam und wird sie definitiv nach und nach zum Guten verwandeln. Genau das meint der zentrale Satz dieses Textes: »Es ist Advent des großen Gottes.«

2. Beim zweiten Text, der sich auf die Schriftstelle Lukas 3,1–6 bezieht und diese auslegt, haben wir die beiden ersten Absätze – in denen es um Zeitangabe und Positionierung im lukanischen Gesamtwerk geht – übersprungen und mit dem dritten Abschnitt begonnen, um auf diese Weise sogleich zum eigentlichen Motiv der Predigt zu gelangen.

Johannes der Täufer wird hier »Vorläufer« genannt: einer, der Jesus voraus ist und vorausgeht. Rahner weist darauf hin, dass auch wir »in unserem eigenen Leben eine Art Vorläuferschaft als sehr wesentliche Eigentümlichkeit zu entdecken«, ja zu realisieren haben. Der Gedanke enthält für ihn durchaus eine »Problematik«, der er aber nicht ausweicht, »weil uns für unsere Lebenslast Kraft und Zuversicht gegeben wird, wenn wir entdecken, dass, was uns vorgegeben und auferlegt wird, in der Geschichte des Heils sich ebenso, wenn auch in besonderer Eigenart, begab«.

Rahner geht es bei dieser Predigt weniger um ein bloßes Nacherzählen als um eine existenzielle Verortung: Was bedeutet dieses Evangelium für Zuhörer von heute? In seiner Antwort greift Rahner Situationen des Alltags auf, Befindlichkeiten, Stimmungen,

Erfahrungen, die die Zuhörer gleichsam an die Hand nehmen, um von einer konkreten Stelle des Lukasevangeliums aus in die eigene Lebensgeschichte zu gelangen und eine Perspektive aufzuzeigen: Jedes Leben ist »Advent«.

Es gibt Erfahrungen, über die niemand spricht, und wenn, dann nicht gern und auch nicht oft – vielleicht, weil man sie nur knapp unterhalb der Bewusstseinsschwelle wahrnimmt; oder vielleicht auch, weil man keine Worte dafür hat. Karl Rahner hat Worte dafür. Er schildert hier eine solche Erfahrung, die wohl jeder Mensch macht: die Erfahrung, dass wir bis in die Mitte unseres Lebens und darüber hinaus das Gefühl haben, wir stehen mitten im Geschehen, am Puls der Zeit; nehmen wahr, worum es im Grunde geht; nehmen wahr, was zählt, was bleibt – um dann zu erleben, wie sich unsere Gegenwart in Vergangenheit verwandelt, wie wir plötzlich altmodisch und überholt werden, nicht mehr verstehen und verstanden werden.

Rahner gibt dieser Erfahrung einen Namen: Es ist die Erfahrung, dass in unserem Leben alles vorläufig ist, die Erfahrung, dass alle Menschen Vorläufer sind, in gleicher Weise wie die biblische Gestalt des Täufers. Die Reaktion auf diese Erfahrung ist eine adventliche Haltung, die Rahner in der ihm eigenen, zurückhaltend ruhigen Art beschreibt, angefangen von der willigen Annahme der scheinbar alltäglich kleinen Aufgabe bis hin zur Bereitschaft, weiterzugehen, obgleich man gehofft hatte, schon endgültig angekommen zu sein – weiterzugehen *dem* entgegen, der uns in seinem eigenen Advent selbst täglich mehr und mehr entgegenkommt: Gott.

Der Jesuit Karl Rahner ist davon überzeugt, dass das ignatianische Grundmotiv des »Gott suchen und finden in allen Dingen« gelingen kann. Von einer solchen adventlichen Haltung zeugen in unserem Alltag viele Beispiele, von denen Rahner einige aufzählt: »die willige Annahme der scheinbar alltäglich kleinen Aufgabe, die die eigene Stunde verlangt; der sich selbst verschweigende Mut zum Eigenen (…); die Hoffnung, dass das Unsägliche zu uns auch in die Engen und Kerker kommt (…); die Zuversicht (…); die aus allen

Gräbern der Enttäuschungen immer wieder aufsteigende Gewissheit, dass auch das Rufen in der Wüste von einem gehört wird (...); die Willigkeit, zu weiterer Reise aufzubrechen, wo man gehofft hatte, schon endgültig daheim angekommen zu sein.«

Das sind unglaublich starke Sätze! Es sind ganz praktische Anwendungen theologischer Einsichten, die hier in Form einer Predigt thematisieren, was »hohe Theologie« mühsam, manchmal kompliziert und umständlich formuliert. Bei Rahner liest sich das ganz einfach: »Adventliche Reise ist, wenn wir laufen und uns beim Lauf das entgegenkommen lassen, was wir selbst durch den Lauf nicht einholen würden, Gott.«

3. Bei der dritten Predigt, »Was sollen wir tun?«, haben wir den anfänglichen Hinweis Rahners auf eine vorige Predigt übersprungen. Im Unterschied zu vielen Predigern, die in immer neuen Anläufen versuchen, ihre Zuhörer zu moralischen Höchstleistungen anzuspornen, *würdigt* Rahner in seinen Überlegungen unsere »scheinbar alltägliche Durchschnittlichkeit«, unsere normale menschliche Lebensführung, unsere Alltagsmoral: Der Alltag ist der Ort, wo wir unauffällig, still und leise unserem Gewissen folgen, auch wenn es sich nicht auszahlt; der Ort, wo wir es wagen, der Dumme zu sein, wo wir lieben ohne die Gewissheit der Gegenliebe, wo wir unseren Überzeugungen treu bleiben, obwohl sie uns nur Nachteile einbringen –

der Ort, wo wir genau darin, wenn auch namenlos und unauffällig, Gott begegnen.

Anstatt also in übersteigerte Vorsätze hineinzuflüchten, die meistens sehr schnell wieder aufgeweicht werden, an denen man meistens scheitert, plädiert Rahner für das bewusste Leben und Erleben des Alltags: »Der Alltag schon fordert dem Menschen, so wie er ist, der Mensch und der Alltag, viel ab. In seiner grauen Alltäglichkeit durchzuhalten, kann oft schwerer sein als eine einmalige Tat, deren Heroismus sich selber zu genießen in Gefahr ist.«

Das gewichtige, fast bedrohliche Johannes-Wort von der »radikalen Umkehr« wird hier zu einem Tun, für das es keiner akrobatischen Anstrengungen bedarf, keiner

Überleistungen fanatischer Asketen. Es wird vielmehr zu einem Bestehen des Alltags in nüchterner Geduld und Treue zu unseren Gewissensüberzeugungen. In diesem, nach außen hin »harmlosen« Bestehen des Alltags kommt Gott uns in seinem Advent entgegen. Davon ist Karl Rahner überzeugt, und diese Überzeugung möchte er mit uns teilen.

Pater Karl Rahner war ein packender, ja ein fesselnder Prediger, vor allem wegen seiner ganz eigenen, existentiellen Zugangsweise. Er konnte bekannte Bibelstellen in einer Art und Weise auslegen, die unter Zuhörern Betroffenheit auslöste. Seine Predigten – und Gebete – wirken nach. Deswegen werden sie auch heute noch gelesen und können Glaubenshilfe geben aus einer Tiefe heraus, die unmittelbar anspricht. Wie wir Advent neu sehen und verstehen können – als etwas, das unser Leben und die Zukunft der Welt unwiderruflich prägt –, das zeigen die hier versammelten drei Predigten auf beeindruckende Weise.

In eckigen Klammern stehende Wörter sind Einfügungen der Herausgeber, die sich im Originaltext nicht finden.

Andreas R. Batlogg SJ
Peter Suchla

Advent

In dieser herbstlichen Zeit, da es zu wintern beginnt, wird die Welt stiller. Alles um uns herum wird farblos und blass. Es fröstelt uns. Man ist wenig aufgelegt zu buntem Treiben und lautem Lärm. Man ist lieber und leichter als in anderen Gezeiten des Jahres bei sich zu Hause und allein. Es ist, wie wenn die Welt kleinlaut geworden wäre und den Mut verloren hätte, sich selbst zu behaupten, von sich überzeugt zu sein und stolz auf ihre Macht und ihr Leben. Ihr Anlauf in der schwellenden Fülle des Frühlings und des Sommers ist missglückt, denn die Fülle ist wieder verloren gegangen.

Und die Tatsache, dass wieder Frühling werden wird in neuem Anlauf, macht uns im Herbst nur noch grausamer auf dieses ewige Auf und Ab der Gezeiten aufmerksam, in dem nichts wirklich Bleibendes in der Zeit zu werden scheint, wenn doch der aufsteigende Winter ebenso gültig und wahr ist wie der Frühling und Sommer. Die Zeit der Welt für sich allein zeigt in dieser Jahreszeit ihre Armut, sie enttäuscht uns; sie kann nicht bewahren und verliert ständig in die Vergangenheit, was sie aus der Zukunft und in ihre Gegenwart hinein zu gewinnen scheint. Da ist es an der Zeit, die Melancholie der Zeit zu überwinden, sich selber leise und treu zu sagen, was der Glaube uns sagt, da ist eine Zeit, das Wort des Glaubens gläubig zu sprechen:

Ich glaube an die Ewigkeit Gottes, die in unsere Zeit, in meine Zeit hineingekommen ist. Unter dem ermüdenden Auf und Ab der Zeit wächst schon heimlich das Leben, das keinen Tod mehr kennt. Es ist schon da, es ist schon in mir, eben dadurch, dass ich glaube. Wie wenig muss ich tun, damit das Rad von Geburt und Tod in der wahren Wirklichkeit stille steht!

Nur glauben muss ich an den Advent Gottes in unsere Zeit hinein, glauben gerade, *indem* ich die Zeit, ihr bitteres und hartes Nehmen, das sterben lässt, geduldig erleide und doch nicht meine, sie hätte das letzte Wort, das ein Nein wäre. Höre, mein Herz, Gott hat schon begonnen, seinen Advent in der Welt und in dir zu feiern. Leise und sanft, so leise, dass man es überhören kann, hat er die Welt und ihre Zeit schon an sein Herz genommen, ja sein eigenes unbegreifliches Leben eingesenkt in diese Zeit (wir nennen es seine Ewigkeit und meinen damit das Namenlose und ganz andere gegenüber jener Zeit, die uns so hoffnungslos traurig macht).

Und eben dies geschieht in dir selber und wird die Gnade des Glaubens genannt, jenes Abfallen der Angst vor der zerrinnenden Zeit, weil an ihr Großes getan hat, der da mächtiger ist als die Zeit, die er geschaffen hat, um sie zu erlösen in seine Ewigkeit hinein. Ein Jetzt der Ewigkeit ist in dir, das kein Nicht mehr hinter sich und vor sich hat, das hat schon begonnen, deine irdischen Augenblicke in sich hineinzusammeln.

Kein heller Jubel ist dir abverlangt, armes Herz, in diesem Advent, der ja ein Leben lang dauert, da *dein* Advent erst endet, wenn dir gesagt wird: Geh ein in die Freude deines Herrn. Kein heller Jubel, denn dafür spürst du noch zu sehr den harten Druck der Fesseln der Zeit, auch wenn sie schon von deinen Händen und Füßen abzufallen begonnen haben. In dir muss nur leben die demütig nüchterne Freude des glaubenden Harrens, das nicht meint, das greifbar Gegenwärtige sei alles. Nur die demütige Freude, wie sie der Gefangene hat, wenn er noch im Gefängnis sitzt und eben aufstehen will, weil eben doch schon das Schloss von der Türe seines Verlieses abgerissen und so die Freiheit schon garantiert ist.

Ist diese Freude, die adventliche Freude, so schwer? Ist Resignation und verhohlene Verzweiflung wirklich leichter? Wäre sie nicht kindisch eigensinniger Trotz und die Bosheit des Herzens, die man nur dann *richtig* kennt, wenn man sie – flieht, wenn man nicht mit ihr disputiert und sie gerade nicht genossen haben will, sondern sie mit dem Instinkt des ewigen Lebens flieht, den wir die Gnade nennen? Oder weißt du gar nicht recht, ob du die adventliche Freude oder die winterliche Verzweiflung um den kalten Tod gewählt hast?

Schon so zu fragen ist falsch, weil man nie neutral fragen kann und die zweite Antwort der Tod wäre, aus dem man sich nicht selbst befreien kann. Frage nicht, zweifle nicht: Du hast, mein Herz, schon die Freude des

Advents gewählt. Sage dir darum mutig gegen deine eigene Unsicherheit: Es ist Advent des großen Gottes. Wenn du es glaubend und liebend sagst, ziehen in das Jetzt dieses Wortes ein die heilgewordene Vergangenheit deines Lebens und die Zukunft, die ewig ist und grenzenlos. Denn es zieht in das Herz ein der, der der Advent selber ist, die schon ankünftige Zukunft ohne Grenzen, der Herr, der in die Zeit des Fleisches schon gekommen ist, um sie zu erlösen.

Vorläufer

Lukas 3,1–6

Es war im fünfzehnten Jahr der Regierung des Kaisers Tiberius; Pontius Pilatus war Statthalter von Judäa, Herodes Tetrarch von Galiläa, sein Bruder Philippus Tetrarch von Ituräa und Trachonitis und Lysanias Tetrarch von Abilene; Hohepriester waren Hannas und Kajafas. Da erging der Ruf Gottes an Johannes, des Zacharias Sohn, der in der Wüste lebte. Und er zog in die Gegend am Jordan und verkündete dort überall: Lasst euch taufen! Bekehrt euch, damit eure Sünden vergeben werden. So erfüllte sich, was im Buch der Reden des Propheten Jesaja geschrieben steht: Eine Stimme ruft in der Wüste: Bereitet dem Herrn den Weg! Macht ihm die Straßen eben! Jede Schlucht soll aufgefüllt und jeder Berg und Hügel abgetragen werden. Was

krumm ist, soll gerade, was rau ist, soll ein ebe-
ner Weg werden! Und alle Welt wird das Heil
Gottes schauen.

Der Text spricht von Johannes dem Täufer als dem »Vorläufer« Jesu und dessen Sendung, wie wir zu sagen pflegen. Natürlich ist diese Vorläuferschaft des Täufers im Bezug auf Jesus und dessen Sendung ganz eigentümlicher Art und kommt selbstverständlich genau so in unserem eigenen Leben nicht vor. Wenn wir dennoch in unserem eigenen Leben eine Art Vorläuferschaft als sehr wesentliche Eigentümlichkeit zu entdecken versuchen, dann sind wir uns der Problematik einer solchen »Anwendung«, eines solchen Vergleiches durchaus bewusst, halten ihn aber doch darum [für] berechtigt, weil uns für unsere Lebenslast Kraft und Zuversicht gegeben wird, wenn wir entdecken, dass, was uns vorgegeben und auferlegt wird, in der Geschichte des Heils sich ebenso, wenn auch in besonderer Eigenart, begab.

Wir wenden uns zunächst also dem Bericht über Johannes den Täufer in dieser Perikope zu. Dabei soll uns aber hier nicht eigentlich der Inhalt der Botschaft des Täufers beschäftigen, noch der Umstand, dass auf ihn und seine Tätigkeit das Wort angewendet wird, das bei Jesaja 40,3–5 steht. Uns soll vielmehr hier nur die schlichte Tatsache beschäftigen, dass bei Lukas, wie bei den anderen drei Evangelisten, die Täuferfigur an den Anfang des Evangeliums von Jesus gestellt wird, dass er also von vornherein als Vorläufer Jesu gesehen wird. Das ist nicht so selbstverständlich, wie uns dies scheinen mag. Noch ungefähr 25 Jahre nach dem Tod des Täufers finden sich nach dem Zeugnis der Apostelgeschichte (19,1–7; vgl. 18,25) in Ephesus, also weit von Palästina entfernt, Johannesjünger, die von Jesus und seiner Kirche nichts wissen. Gegen sie richtet sich wohl auch die Polemik des ersten Kapitels bei Johannes (1,6–8.15.29–34). Es kann darum nicht so gewesen sein, dass der Täufer von vornherein und nur als Vorläufer des Messias aufgetreten ist, den der Täufer von vornherein bestimmt und eindeutig mit Jesus identifiziert hätte. Nach dem Bericht des Evangeliums (Mt 11,2–6; Lk 7,18–23) hat der Täufer auch am Ende seiner Laufbahn im Gefängnis noch keine völlige Klarheit über die Messianität Jesu, so dass wir wohl berechtigt sind, die Deutlichkeit und Eindeutigkeit, mit der die Evangelien die Beziehung zwischen Täufer und Jesus darstellen und den Täufer sich ganz eindeutig und ausdrücklich Jesus unterstellen lassen, teilweise als Wirkung einer theologischen Reflexion der ersten Christen zu werten. Von ihrem Glaubensverständnis über Jesus mussten diese ersten Christen mit dem Schock fertig werden, dass Jesus sich wie ein Sünder von Johannes hatte taufen lassen, und sie konnten darum eine Reflexion über das Verhältnis zwischen dem Täufer und Jesus gar nicht so umgehen, wie sie es bei anderen religiösen Bewegungen und Richtungen jener Zeit taten, die von den Evangelien mehr oder weniger gleichgültig übergangen werden. Von daher, meine ich, müsse man die Eigenart der Vorläuferschaft des Täufers sehen.

Johannes ist wirklich Vorläufer. Er geht voraus, ohne das genau und sicher zu kennen, dem er dient. Seine Aufgabe und seine Bedeutung nehmen in dem Maße ab, in dem das Kommende aufgeht, dem er in der Unsicherheit eines Überganges zu dienen versucht. Er selber darf nicht mehr eingehen in die Erfahrung des in Jesus gegenwärtig gewordenen Heiles, dem er sehnsüchtig ausschauend vorangeht. Was er erwartet, überholt ihn, ohne dass er von diesem Überholenden schon hier eingeholt würde und schauen dürfte, wonach er ausgeschaut hatte.

Seine Botschaft vom Kommen Gottes als Gericht wird überholt von Jesu Botschaft vom Kommen Gottes als befreiender Vergebung. Er ist der Vorläufer. Das und sonst nichts, weil er dieses war und nicht mehr sein wollte, weil er abzunehmen bereit war, damit der Kommende wachsen konnte, weil er sich mit der Aufgabe seiner Gegenwart beschied, darum und gerade so gehört er in die Geschichte Jesu, des endgültigen Heiles hinein und ist er gesegnet mit der Fülle der Zukunft, die er in seiner Gegenwart nur von ferne sehnsüchtig grüßen konnte.

Sind wir nicht alle Vorläufer? Mühsam pilgern wir die Straßen unseres Lebens. Immer liegt uns etwas voraus, das wir noch nicht eingeholt haben; immer wird das Eingeholte zum Befehl, es hinter uns zu lassen und weiterzugehen. Immer wieder wird aus dem

Ende ein Anfang; nirgends ist eine bleibende Stätte. Jede Antwort verwandelt sich in eine neue Frage; jedes erreichte Glück in neue Sehnsucht; jeder Sieg ist nur der Anfang der Niederlage.

Sind wir nicht Vorläufer? Die Eltern die der Kinder, die Alten die der kommenden Jungen? Der Wissenschaftler von heute der Vorläufer des Wissenschaftlers von morgen? Der Politiker von heute der Vorläufer des Politikers, der ihn morgen ablösen und verdrängen wird?

Wie wechseln so rasch die Ziele, die Parolen, die Selbstverständlichkeiten der Lebensentwürfe, der Politik, der Wissenschaften, der Kunst! Marschiert nicht jeder in seine Gegenwart hinein mit dem Gefühl, es komme nun wirklich das Eigentliche und ewig Gültige, um dann nur zu schnell zu merken, dass sich seine Gegenwart in Vergangenheit verwandelt, dass er altmodisch und überholt ist, dass er nicht mehr versteht und nicht mehr verstanden wird?

Schicken wir nicht auch immer wieder aus dem Kerker unserer Zwänge und Enttäuschungen Boten nach überall hin, die das wirklich selig Endgültige finden sollen, obwohl wir nicht recht wissen, wohin wir diese Boten unserer ungestillten Sehnsucht senden sollen?

Ist der Tod, der uns alles nimmt, nicht das Einzige, das wir bei unserem Lauf sicher einholen werden? Suchen wir nicht in einer seltsamen Zwiespältigkeit sowohl den fliehenden

Augenblick festzuhalten als auch den nächsten Augenblick rascher herbeizuzerren, als er selber eigentlich kommen will? Sind wir, die [wir] noch auf allen Straßen des Menschseins immer die auf Vorläufiges Vorläufer sind, nicht immer in Versuchung, uns, unsere Lebensentwürfe, unsere Programme zu dem zu überhöhen, was endgültig kommen und bleiben wird? Haben wir nicht sogar den Eindruck, dass ein Stück jener Dummheit, in der ein Mensch alles und alle anderen als vorläufig und sich selbst als endgültig versteht und nicht für eine unberechenbare Zukunft bloßer Vorläufer sein will, für den Lauf der Welt beinahe unerlässlich ist?

Wir sind immer und überall nur Vorläufer; und das Ziel dieses Laufes scheint ewig fernzubleiben, außerhalb unserer Macht zu stehen und immer wieder in neue Fernen zurückzuweichen, wenn wir ihm nahegekommen zu sein meinen.

Bei dieser Verfasstheit unserer Existenz ist die adventliche Haltung geboten, die uns der Täufer als Vorläufer Jesu vorlebte: die willige Annahme der scheinbar alltäglich kleinen Aufgabe, die die eigene Stunde verlangt; der sich selbst verschweigende Mut zum Eigenen, auch wenn wir das Größere sehen, das uns versagt bleibt; die neidlose Bereitschaft, das Herrlichere bei den anderen anzuerkennen, auch wenn es seinen Glanz nicht auf einem selbst ruhen lässt; die Hoffnung, dass das Unsägliche zu uns auch in die Engen und Kerker kommt, aus denen wir selbst nicht mehr auszubrechen vermögen; die Zuversicht, dass alle Endlichkeiten, selbst der Tod, inwendig noch vom unendlichen Gott der Liebe und des Lichtes erfüllt sein können, wenn sie nur hoffend angenommen werden, [und] dass nur der Loslassende ergreift und jeder Untergang der Aufgang des Lebens sein kann; die aus allen Gräbern der Enttäuschungen immer wieder aufsteigende Gewissheit, dass auch das Rufen in der Wüste von einem gehört wird und alles Säen unter Tränen eine Ernte der Freude erbringt, auch wenn sie nur in die Scheuern des ewigen Lebens eingefahren wird; die Willigkeit, zu weiterer Reise aufzubrechen, wo man gehofft hatte, schon endgültig daheim angekommen zu sein.

Adventliche Reise ist, wenn wir laufen und uns beim Lauf das entgegenkommen lassen, was wir selbst durch den Lauf nicht einholen würden, Gott, der uns insgeheim laufen ließ, wo wir meinten, nach unseren eigenen Zielen zu laufen, und uns sich selbst gibt, wo das Greifbare und Ergriffene uns entwunden wird, weil wir selbst Vorläufer sind und alles Ergriffene vorläufig bleibt. Wer arglos nimmt und arglos lässt, so wie es je die Stunde gebietet, der ist im Advent, dem wird in Wahrheit nichts genommen, weil alles, das er hinter sich lassen muss, nur das Zeichen dafür ist, dass er weiterzieht, bis er wirklich ankommt im ewigen Licht und in dem ewigen Leben.

Das Leben ist ein einziger Advent. Ob wir das Leben als solchen Advent anzunehmen und zu feiern gewillt sind, das ist die Frage.

Was sollen wir tun?

Lukas 3,10–18

Als Johannes (der Täufer) am Jordan predigte,

fragten ihn die Leute: Was sollen wir also tun?

Er antwortete ihnen: Wer zwei Gewänder hat,

der gebe eins davon dem, der keins hat, und wer

zu essen hat, der mache es ebenso. Es kamen auch

Zöllner zu ihm, um sich taufen zu lassen, und

fragten: Meister, was sollen wir tun? Er sagte

zu ihnen: Fordert nicht mehr, als euch erlaubt

ist. Auch Soldaten fragten ihn: Was sollen denn

wir tun? Und er sagte zu ihnen: Misshandelt

niemand, erpresst niemand, begnügt euch mit

eurem Sold! Das Volk war voll Erwartung, und

alle überlegten sich im Stillen, ob Johannes nicht

vielleicht selbst der Messias sei. Doch Johannes

gab ihnen allen zur Antwort: Ich taufe euch mit

Wasser. Es kommt aber einer, der stärker ist als

ich, und ich bin nicht wert, ihm die Schuhriemen

zu lösen. Er wird euch mit heiligem Geist und

mit Feuer taufen. Er hält schon die Schaufel in

der Hand, um seine Tenne zu säubern und den

Weizen in seine Scheune zu sammeln. Die Spreu

aber wird er in nie erlöschendem Feuer verbren-

nen. Mit solchen und vielen anderen Worten er-

mahnte er das Volk in seiner Predigt.

Dieser Text gliedert sich in zwei Teile. Im ersten Teil gibt der Täufer die Antwort auf die Frage seiner Zuhörer, welche Konsequenzen für ihre Lebensführung nun eigentlich der zentrale Inhalt der Bußpredigt des Täufers, die Ankündigung des nahen Gerichtes und die Aufforderung einer radikalen Umkehr habe. Im zweiten Teil lehnt der Täufer den Anspruch ab, selbst der Messias zu sein, von sich aus den Geist des andrängenden Gottesreiches vermitteln zu können. Wir wenden uns vor allem dem ersten Teil des Textes zu.

Dieser erste Abschnitt klingt zwar sehr harmlos und selbstverständlich. Man ist versucht, über diese moralischen Ermahnungen als Selbstverständlichkeiten, ja fast Banalitäten hinwegzulesen. Hört man aber genauer hin, so wird der Text geradezu aufregend.

Warum dies? Der Täufer soll jener sein, der bei Jesaja vorherverkündet ist als Rufer in der Wüste, als Künder eines kommenden Heils Gottes, als Prophet eines letzten, bald hereinbrechenden Strafgerichtes Gottes, einer letzten Möglichkeit, jetzt noch radikal umzukehren, der Unmöglichkeit, vor Gott durch irgend etwas anderes als durch diese radikale Umkehr zu bestehen, die das ganze bisherige Leben vom Grund her verwandelt. Und nun fragen ihn, diesen Prediger eines radikalen religiösen Umbruchs und Neubeginns, die Leute, was sie denn nun eigentlich konkret tun sollen, wenn sie dieser radikalen Botschaft gehorsam sein wollen. Und wie lautet die Antwort? Scheinbar lauter moralische Banalitäten, die man auch sonst schon so weiß und die doch nicht eingeleitet werden müssten durch eine apokalyptische Drohrede, um begreiflich zu sein: Die Steuereinnehmer sollen keine ungebührlichen und ungerechten Steueransätze festlegen, die Soldaten sollen anständige und ehrenhafte Leute sein, die ihre Umgebung nicht drangsalieren, und mit ihrem schäbigen Sold zufrieden sein. Nicht einmal die Berufe der im Dienst der Besatzungsmacht stehenden Steuereinnehmer und Soldaten, Berufe, die dem Frommen von damals schon in sich selbst höchst problematisch, ja verwerflich waren, werden in Frage gestellt.

Und wenn darüber hinaus gesagt wird, man solle Kleidung und Essen, so man davon genug hat, mit dem armen Nachbarn teilen, dann wird der Bereich scheinbarer Selbstverständlichkeiten einer humanen Alltagsmoral auch nicht überschritten. Und wenn wir selbst in diesem Stile solche guten Ratschläge für andere Berufe und Lebenssituationen im selben Stil noch weiterspinnen würden, kämen wir aus dem Kontrast nicht heraus, der mindestens auf den ersten Blick zwischen einer radikalen Umkehrforderung einerseits und den alltäglichen Maximen andererseits besteht, die diese Zuhörer des Täufers wohl auch vor seiner Predigt schon schlecht und recht respektieren und danach bei allem guten Willen wohl auch nicht viel besser erfüllten.

Wie werden wir mit diesem Kontrast fertig? Das ist eine Frage, auf die uns dieses Evangelium unmittelbar und ausdrücklich keine Antwort gibt außer eben der, dass diese kontrastierenden Dinge eben doch zusammenpassen müssen. Aber wie, darüber müssen wir selber nachdenken.

Wir haben doch sicher alle schon die Erfahrung gemacht, dass auch die scheinbar banale Alltagsmoral mit ihren Forderungen gar nicht so leicht ist, vorausgesetzt nur, dass man nicht der verlogenen Haltung verfällt, nur das als seine moralischen Prinzipien gelten zu lassen, was einem sowieso passt und leichtfällt. Der Alltag schon fordert dem Menschen, so wie er ist, der Mensch und der Alltag, viel ab. In seiner grauen Alltäglichkeit durchzuhalten kann oft schwerer sein als eine einmalige Tat, deren Heroismus sich selber zu genießen in Gefahr ist.

Wenn wir nicht übersehen, dass das Leben in seiner religiösen und sittlichen Würde nicht einfach die bloße Summe der Bedeutsamkeit der einzelnen Augenblicke des Lebens ist, sondern ein Ganzes bildet, das seine eigene Eigenart als dieses Ganze hat, auch wenn es sich durch die Summe der Einzeltaten hindurch vollzieht, dann ist ein Leben der Pflichterfüllung des Alltags, des immer wieder erneuten Willens, anderen gerecht zu werden und gut zu sein, ein Leben, in dem der Mensch sich nicht wegen der Unbedeutendheit seiner Tage in müde Resignation versinken lässt, ein Leben sogar der guten Laune, die eine Tugend und Gabe Gottes ist usw., schon so ein Leben, das doch nicht mehr so eindeutig kontrastiert mit der radikalen Umkehrforderung des Täufers. Ein solches Leben scheinbar alltäglich moralischer Durchschnittlichkeit setzt diese Umkehr nur nicht an einem bestimmten Zeitmoment, sondern als ein geheimnisvolles Prinzip, das unauffällig die scheinbare Alltäglichkeit des Lebens durchwaltet.

Aber das ist noch nicht alles und nicht einmal das Entscheidende für die Frage, wie wir mit dem genannten Kontrast fertig werden können. Insgeheim und vielleicht unauffällig steckt mindestens da und dort in solchen Übungen normaler, selbstverständlicher und in sich verständlicher, ja uns selbst nützlicher

Pflichterfüllung des Alltags noch etwas ganz anderes.

Das Leben manövriert uns immer wieder einmal mitten im Alltag in Situationen hinein, in denen das scheinbar Selbstverständliche, sich selbst Legitimierende und Belohnende der Alltagspflichten verschwindet oder absurd wird. Die Moral des Alltags lohnt sich plötzlich nicht mehr. Ihr banaler Sinn verschwindet oder muss sich in etwas ganz anderes verwandeln. Das sinnvoll Nützliche stirbt oder verwandelt sich in das Heilige. Die Pflicht bleibt unbelohnt, ja ihre Erfüllung scheint bestraft zu werden. Der Anständige ist nicht mehr der geachtete Ehrenmann, sondern der Dumme, der sich nicht durchzusetzen weiß. Selbstlosigkeit wird schamlos ausgenutzt;

Ehrlichkeit wird nicht honoriert, sondern zur Waffe gegen den Ehrlichen selbst.

In tausend Weisen kann die normale Alltagsmoral, und zwar inmitten ihrer Selbstverständlichkeiten und ganz außerhalb besonderer heroischer Situationen, zu einer geheimnisvoll schrecklichen Sache werden: Sie lohnt sich nicht, sie belohnt sich nicht mehr selber, weil sie ihren greifbaren, den Täter selber belohnenden Ertrag nicht mehr erbringt. Sie wird aus der Vernünftigkeit eines sehr ehrenwerten Egoismus, den man auch kollektiv betreiben kann, etwas ganz anderes, oder sie wird als unrentabel aufgegeben, weil sie sich und uns nicht mehr lohnt.

Aber was wird denn diese Alltagstugend, mitten im Alltag bleibend, wenn sie sich

nicht mehr lohnt, auch nicht in einer subli-
men Weise, und sich dennoch nicht als sinn-
los geworden aufgibt? Sie wird ein Kommen
vor dem Gott des Heiles und der Freiheit.
Wenn wir diesen Satz sagen, dann darf bei
dem Wort »Gott« nicht irgend etwas ge-
dacht werden, was wir sonst mit diesem
Wort verbinden, sondern, was mit Gott ge-
meint ist, wird gerade in dieser stillen, aber
ungeheuerlichen und mitten in der Erfüllung der Alltagsmoral sich ereignenden Me-
tamorphose dieser alltäglichen Pflichterfüllung erfahren.

Gott ist der, dem man, wenn vielleicht auch
namenlos und unauffällig, begegnet, wenn
man loslässt; wenn man wagt, der Dumme
zu sein, wenn man auch dort aus Machtkon-

flikten austritt, wo man die Chance hätte zu siegen; wo man liebt, ohne schon zuvor die Gewissheit zu haben, wiedergeliebt zu werden; wo man seiner Überzeugung treu bleibt, obwohl sie einem nur Nachteil einbringt und man diesen Nachteil nicht bloß als die Episode eines Kampfes wertet, in dem man schließlich doch Sieger bleibt; wo man – in einem Wort gesagt – seinem Gewissen treu bleibt und dessen Spruch nicht mehr verwechselt mit der Ansage jener greifbaren Nützlichkeit und Sinnhaftigkeit, die zunächst, und zwar mit Recht, der Alltagsmoral auch innewohnt.

Wo solcher die Alltagsmoral hinter ihrer bleibenden Fassade verwandelnder Spruch des Gewissens ergeht, da ist er das Kommen Gottes zum Gericht, wenn man sich diesem

Spruch versagt (vielleicht sehr unauffällig für einen selbst), oder das Kommen Gottes als letzte Freiheit, die selig macht, wenn man diesem Anruf folgt. Solches kann, wie gesagt, sehr unauffällig und ohne Gepränge sich in der normalen Pflichterfüllung des Alltags ereignen. Man scheint sich auf den längst gebahnten Straßen normaler menschlicher Lebensführung von Vernunft und Anstand, von sich lohnender Rücksichtnahme auf andere usw. zu bewegen und hat sich plötzlich in die selige Wüste Gottes verirrt, kaum dass man es selber merkt.

Wenn man Alltagsmoral empfiehlt und die Empfehlung nicht dort stillschweigend zurücknimmt, wo sie sich nicht mehr lohnt, hat man eigentlich eine radikale Umkehr empfohlen, auch wenn sie sich gar nicht an einem deutlich fixierbaren Zeitpunkt des Lebens lokalisieren kann, hat man eigentlich die Gnade Gottes gepriesen, die jene Abgründe erfüllt, auf die die gebahnten Wege unseres nüchternen Alltags führen, bis wir in diese Abgründe uns furchtlos hineinfallen lassen.

Was sollen wir tun?, fragten die Leute etwas verschüchtert nach der unheimlichen Predigt des Täufers von Sünde und unausweichlichem Gericht, von Umkehr, die wirklich alles umkehrt. Er gibt Antwort, und plötzlich sind wir durch diese Antwort da, wo wir sowieso leben und uns in nüchterner Geduld plagen müssen. Aber seine Antwort besagt, dass wir gerade da das Kommen des Reiches Gottes erfahren können. Wenn wir nur wollen und uns dem geheimen Sinn und der innersten Kraft dieses Alltags hoffend überlassen.

Zu den Textquellen

Bei den drei Texten handelt es sich um Predigten aus unterschiedlichen Kontexten und Werkphasen. Die erste Predigt (»Advent«) wurde erstmals 1949 im Verlag Ars sacra in der Sammlung »Kleines Kirchenjahr« abgedruckt, die zweite und die dritte Predigt (»Vorläufer«, »Was sollen wir tun?«) im Jahr 1974 in dem Bändchen »Was sollen wir jetzt tun?« im Verlag Herder.

Der Longseller »Kleines Kirchenjahr« wurde jahrelang neu aufgelegt und war ab 1981 auch als Herder-Taschenbuch greifbar, ergänzt durch den vom Verlag hinzugefügten Untertitel »Ein Gang durch den Festkreis«.

Die vier in »Was sollen wir jetzt tun?« versammelten Predigten erschienen 1975 noch einmal in dem Bändchen »Herausforderung des Christen«, ebenfalls als Herder-Taschenbuch.

Inzwischen sind die drei Predigten dieses Bandes in der Edition »Karl Rahner Sämtliche Werke« in Band 7 (2013) und Band 23 (2006) wieder neu zugänglich gemacht worden. Die dort abgedruckten Fassungen sind die Textbasis für die hier vorgelegte Neuveröffentlichung.[5]

Die erste Predigt wurde zum Auftakt der Adventszeit 1948 gehalten. Die zweite und die dritte Predigt stammen aus einer Predigtreihe im Dezember 1973: Von seiner letzten Professur im westfälischen Münster bereits entpflichtet und inzwischen als Emeritus an der ordenseigenen Hochschule für Philosophie in München als Honorarprofessor wirkend, hatte Rahner im Rahmen der Universitätsgottesdienste in St. Ludwig (in unmittelbarer Nachbarschaft des Berchmanskollegs, wo er wohnte) vier Gottesdienste übernommen.

Rein sprachlich merkt man der ersten und den beiden anderen Predigten – zwischen denen 25 Jahre liegen – Unterschiede an. »Advent« ist poetischer formuliert, unmittelbarer und plastischer. »Vorläufer« und »Was sollen wir tun?« sind nüchterner; diese beiden Predigten beziehen sich – die liturgische

Ordnung gab das Lesejahr C vor – auf zwei Schriftstellen aus dem Lukasevangelium (Lk 3,1–6 und Lk 3,10–18). Was aber alle drei Predigten verbindet, ist die Überzeugung, dass Advent nicht nur die auf den Geschenke-Kauf fixierte vorweihnachtliche Zeit ist, sondern viel, viel mehr besagt: nämlich die Art, wie Christen sich selbst und die Zukunft der Welt als Ganze sehen und verstehen.

Anmerkungen

1 Vgl. Ethos der Verkündigung. Im Gespräch mit P. Hans Bernhard Meyer SJ (†), Innsbruck, in: Andreas R. Batlogg – Melvin E. Michalski (Hrsg.), Begegnungen mit Karl Rahner. Weggefährten erinnern sich. Freiburg i. Br. 2006, S. 36–44, bes. 38–40; Was ein Provinzial alles erfährt. Im Gespräch mit Alfons Klein SJ, München, in: ebd., S. 194–205, bes. 196–199; Roman A. Siebenrock, Erfahrungen im Karl-Rahner-Archiv, in: ebd., S. 343–358, bes. 350–352; Andreas R. Batlogg, Was heißt heute: Karl Rahner erfahren?, in: ebd., S. 359–377.

2 Ausdruck dieser Tätigkeit ist die Veröffentlichung »Biblische Predigten« von 1965, die jetzt wieder zugänglich ist in: Karl Rahner, Sämtliche Werke, Bd. 14: Christliches Leben. Aufsätze – Betrachtungen – Predigten. Bearbeitet von Herbert Vorgrimler. Freiburg i. Br. 2006, S. 221–326 (mit dem Vorwort des Bearbeiters ebd., S. 361) und den entsprechenden Informationen S. 373 (Editorische Anmerkungen).

3 Gnade als Mitte menschlicher Existenz. Ein Gespräch mit Karl Rahner aus Anlass seines 70. Geburtstages, in: Herder Korrespondenz 28 (1974), S. 77–92, hier 81 f.; jetzt in: Karl Rahner, Sämtliche Werke, Bd. 25: Erneuerung des Ordenslebens. Zeugnis für Kirche und

75

Welt. Bearbeitet von Andreas R. Batlogg. Freiburg i. Br. 2008, S. 3–32, hier 10.

4 Albert Raffelt, Vorwort, in: Karl Rahner, Das große Kirchenjahr. Geistliche Texte. Hrsg. von Albert Raffelt. Freiburg i. Br. 1987 (³1990), S. 5–8, hier 6.

5 Karl Rahner, Kleines Kirchenjahr, in: ders., Sämtliche Werke, Bd. 7: Der betende Christ. Geistliche Schriften und Studien zur Praxis des Glaubens. Bearbeitet von Andreas R. Batlogg. Freiburg i. Br. 2013, S. 117–189 (hier 118–121: Advent); ders., Was sollen wir jetzt tun?, in: ders., Sämtliche Werke, Bd. 23: Glaube im Alltag. Schriften zur Spiritualität und zum christlichen Lebensvollzug. Bearbeitet von Albert Raffelt. Freiburg i. Br. 2006, S. 452–467 (hier 456–460: »Vorläufer«; 460–463: »Was sollen wir tun?«).

Karl Rahner
Von der stillen
Weihnacht
unseres Herzens
Gebunden mit Leseband
80 Seiten
ISBN 978-3-7867-3193-1

Für viele weckt Weihnachten vor allem die nostalgische Sehnsucht nach den Erinnerungen der Kindheit. Für Karl Rahner dagegen führt Weihnachten ins Zentrum christlicher Reife: dorthin, wo Menschen in ihrem innersten Dasein ankommen, sich für den eigenen Weg durchs Leben entscheiden und die Angst um sich selbst loslassen, um aus der Enge die Weite zu finden.

Neubeginn

Karl Rahner
**Von der Kraft,
täglich neu
zu beginnen**
Gebunden mit Leseband
64 Seiten
ISBN 978-3-7867-3211-2

Der Anfang eines Tages ist eine sensible Zeit –
und manchmal entscheidet der Anfang über den
Rest des Tages. Karl Rahner war lebenslang ein
Frühaufsteher und Morgenmensch. Den Tag mit
spiritueller Tiefe zu beginnen: Dazu gibt es nicht
nur im Christentum eine lange spirituelle Tradi-
tion, das war Karl Rahner auch ganz persönlich
wichtig. In den Beiträgen dieses Bandes sind
Texte zusammengestellt, in denen der geistliche
Lehrer und Theologe seine Erfahrungen weiter-
gegeben hat, welche Kraft aus dem Tagesbeginn
zu schöpfen ist.

Karl Rahner
**Maria – uns ähnlicher,
als wir denken**
Gebunden mit Leseband
80 Seiten
ISBN 978-3-7867-3358-4

Maria ist nach dem Zeugnis der Bibel die Mutter
Jesu. Über Jahrhunderte wurde sie verehrt – auf
eine Weise, die vielen Christinnen und Christen
unserer Tage eher fremd erscheint. Aber unab-
hängig von zeitgebundenen Formen bleibt die
Frage: Ist Maria für den Glauben der Christen
wichtig? Karl Rahner beantwortet diese Frage
mit Ja. Er zeigt überzeugend auf, wie in Maria
deutlich wird, was ein Mensch in Gottes Augen
ist und worin die Hoffnung des Glaubens liegt.